BEI GRIN MACHT SICH IHR WISSEN BEZAHLT

- Wir veröffentlichen Ihre Hausarbeit,
  Bachelor- und Masterarbeit

- Ihr eigenes eBook und Buch -
  weltweit in allen wichtigen Shops

- Verdienen Sie an jedem Verkauf

Jetzt bei www.GRIN.com hochladen und kostenlos publizieren

Bibliografische Information der Deutschen Nationalbibliothek:

Die Deutsche Bibliothek verzeichnet diese Publikation in der Deutschen National-bibliografie; detaillierte bibliografische Daten sind im Internet über http://dnb.d-nb.de/ abrufbar.

Impressum:

Copyright © 2017 GRIN Verlag
Druck und Bindung: Books on Demand GmbH, Norderstedt Germany
ISBN: 9783668663374

Dieses Buch bei GRIN:

https://www.grin.com/document/416725

Desiree Woitzik

Qualitätszertifizierung und Personalanforderungen für gerätegestütztes Training. Investition, Finanzierung, Produktion und Logistik am Beispiel eines Fitnessstudios

GRIN Verlag

Deutsche Hochschule für

Prävention und Gesundheitsmanagement

Hermann Neuberger Sportschule 3

66123 Saarbrücken

Einsendeaufgabe

Fachmodul:	Betriebswirtschaftslehre 4
Studiengang:	Fitnessökonomie
Datum **Präsenzphase**	08.05.2017 – 10.05.2017
Name, Vorname:	Woitzik, Desiree
Studienort:	Köln
Semester:	WS 2014

Inhaltsverzeichnis

1 Qualitätszertifizierung

1.1 Personalanforderungen für gerätegestütztes Training nach der DIN 33961

1.1.1 Personaleinsatzplan

Tab.1 Personaleinsatzplan

Uhrzeit	Montag			Dienstag			Mittwoch			Donnerstag			Freitag			Samstag			Sonntag	
	T1	T2	T3	T1	T2	T3	T1	T2	T3	T1	T2	T3	T1	T2	T3	T1	T2	T3	T1	T2
7^{00}- 8^{00} Uhr																				
8^{00}- 9^{00} Uhr	-1-			-1-			-1-			-2-			-3-							
9^{00}- 10^{00} Uhr	-1-			-1-			-1-			-2-			-3-							
10^{00}- 11^{00} Uhr	-1-			-1-			-1-			-2-			-3-			-2-			-3-	
11^{00}- 12^{00} Uhr	-1-			-1-			-1-			-2-			-3-			-2-			-3-	
12^{00}- 13^{00} Uhr	-1-			-1-			-1-			-2-			-3-			-2-			-3-	
13^{00}- 14^{00} Uhr	-1-			-1-			-1-			-2-			-3-			-2-			-3-	
14^{00}- 15^{00} Uhr		-2-		-1-	-2-		-1-	-2-		-2-			-3-			-1-			-2-	
15^{00}- 16^{00} Uhr		-2-			-2-	-3-		-2-	-3-	-4-			-4-			-1-			-2-	
16^{00}- 17^{00} Uhr		-2-			-2-	-3-		-2-	-3-	-4-			-4-			-1-			-2-	
17^{00}- 18^{00} Uhr		-2-			-2-	-3-		-2-	-3-	-4-			-4-			-1-			-2-	
18^{00}- 19^{00} Uhr		-2-			-2-	-3-		-2-	-3-	-4-			-4-							
19^{00}- 20^{00} Uhr	-1-	-2-			-2-	-3-		-2-	-3-	-4-			-4-							
20^{00}- 21^{00} Uhr	-1-	-2-			-2-	-3-		-2-	-3-	-4-			-4-							
21^{00}- 22^{00} Uhr	-1-	-2-			-2-	-3-		-2-	-3-	-4-			-4-							
22^{00}- 23^{00} Uhr																				

▨ = Doppelfunktion   ▨ = Trainingsfläche

☐ = Nicht besetzt   ■ = Geschlossen

-1- = Personalnummer (z.B. Nr. 1)

T1 = Trainer 1

T2 = Trainer 2

T3 = Trainer 3

1.1.2   Qualifikationsstufen

Tab. 2: Qualifikationsstufen

Trainer	Bezeichnung der Qualifikation	Bildungsinstitut
Trainer 1 (Bereichsleiter)	Fitnesstrainer A-Lizenz	BSA
Trainer 2	Fitnesstrainer B-Lizenz, Student im 7. Semester	DHfPG
Trainer 3	Fachwirt für Prävention und Gesundheitsmanagement	BSA
Trainer 4	Student im 1. Semester	DHfPG

1.1.3   Soll/Ist-Vergleich

Bereichsleiter:

Soll: Qualifikationsstufe 4 (Fitnesstrainer A-Lizenz, Sport- & Fitnesskaufmann)
Ist: Qualifikationsstufe 4 (Fitnesstrainer A-Lizenz) ➡ Erfüllt

Trainereinsatz:

Soll: Mindestens 30% der gesamten Trainerwochenstunden müssen mindestens durch Qualifikationsstufe 3 abgedeckt werden.
30% von 79 Stunden = 23,7h
Ist: Folgende Trainer sind mit mindestens durch Qualifikationsstufe 3 qualifiziert:
Trainer 1:   27 Stunden
Trainer 3:   25 Stunden
Insgesamt: 52 Stunden

Der Soll-Wert von 79 Trainerwochenstunden wird mit 52 Stunden zu 65,82% mindestens durch Qualifikationsstufe 3 abgedeckt. ➡ Erfüllt

Betreuung der übrigen Zeit:

Soll: Während der übrig gebliebenen Öffnungszeiten muss mindestens ein Trainer mit Qualifikationsstufe 2 anwesend sein.

Ist: Trainer 4 hat die nicht mindestens die Qualifikationsstufe 2.

Der Trainer 4 wird jedoch an den Tagen Donnerstag und Freitag je 7 Stunden alleine eingesetzt. In dieser Zeit befindet sich kein Trainer mit mindestens Qualifikationsstufe 3 im Fitnessstudio. ➡ Nicht erfüllt

1.1.4 Notfallmanagement

Brandschutzmeister: Die Brandschutzhelfer Ausbildung im Umfeld von Köln wird von dem Anbieter Notfall Coaching Bonn angeboten. Die Ausbildung dauert ca. 3 Stunden und die Kosten belaufen sich auf 75€ pro Person (Notfall Coaching Bonn, 2017). Ein weitere Anbieter für eine Brandschutzhelfer Ausbildung ist die AWO Kreisverband Köln e.V. Hier dauert die Ausbildung 4 Stunden und die Kosten belaufen sich auf 80€ pro Person (AWO Kreisverband Köln e.V., 2017).

Ersthelfer: Die Ersthelfer Ausbildung im Umfeld von Köln wird von dem Anbieter Centralvital GmbH angeboten. Die Ausbildung dauert einen ganzen Tag und die kosten belaufen sich auf 35€ pro Person (Centralvital GmbH). Ein weiterer Anbieter zur Ausbildung der Ersthelfer ist Deutsches Rotes Kreuz. Die Ausbildung dauert einen ganzen Tag und die Kosten belaufen sich hier auf 45€ pro Person (DRK Kreisverband Essen e.V., 2009).

Aus dem Arbeitsplan lässt sich schließen, dass Mitarbeiter 1-4 zum Ersthelfer und Brandschutzhelfer ausgebildet werden müssen. Für die Kosten zur Brandschutzhelfer Ausbildung muss ein Budget von mindestens 300€ vorliegen. Für die Kosten zur Ersthelfer Ausbildung muss ein Budget von mindestens 140€ vorliegen. Somit liegen die Kosten bei den jeweils günstigeren Anbietern summiert bei 440€.

1.2 Einsehbarkeit der Trainingsfläche

1.2.1 Grundriss

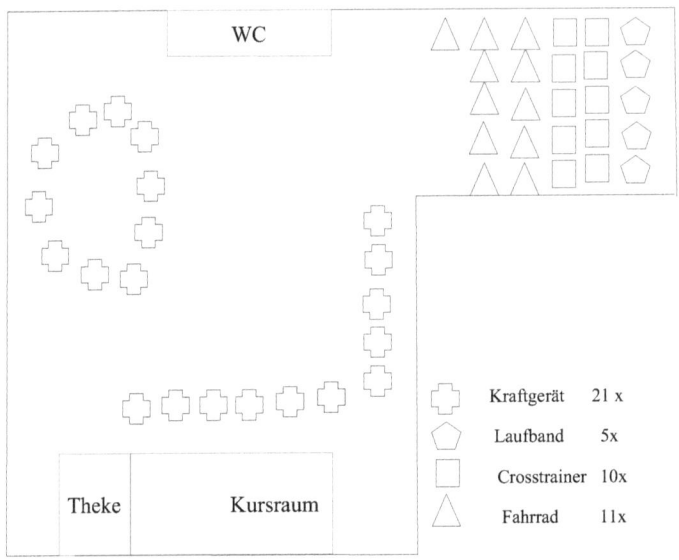

Abb. 1: Grundriss

1.2.2 Einsehbarkeit

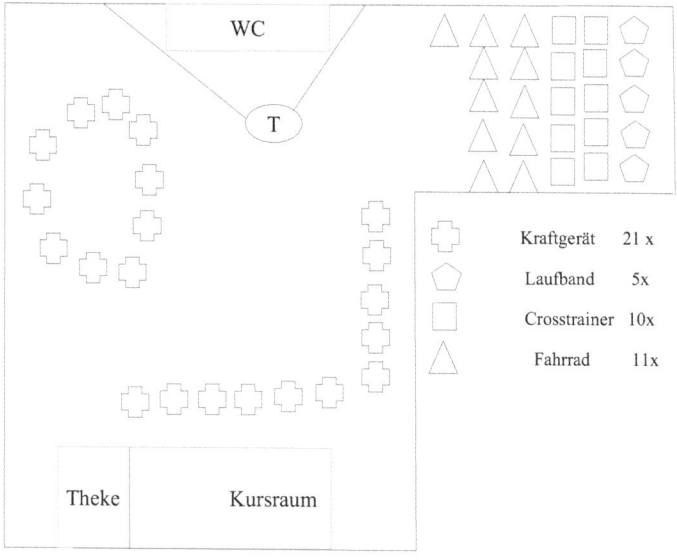

Abb. 2: Einsehbarkeit

Die maximale Einsehbarkeit des Trainers beträgt 100%.

2 Investition

2.1 Kapitalwertmethode

$$K = -A_0 + \sum_{t=1}^{n} (E_t - A_t)(1+i)^{-t} + L_n(1+i)^{-n}$$

Anschaffungskosten (brutto): 70.000€

70.000 : 1,19 = 58.823,53€

Anschaffungskosten (netto): 70.000 : 1,19 = 58.823,53€

Nutzungsdauer: 4 Jahre

Liquidationserlös: 30.000€

Kalkulationszinssatz: 8%

Tab.3: Barwerte der Einzahlungen

Jahr	Einzahlungen	Abzinsung	Barwerte
1	28.400,00 €	1.08^{-1}	26.296,30 €
2	29.200,00 €	1.08^{-2}	25.034,29 €
3	32.600,00 €	1.08^{-3}	25.878,93 €
4	29.700,00 €	1.08^{-4}	21.830,39 €
Summe Barwerte:	99.039,91€		

Tab. 4.: Barwerte der Auszahlungen

Jahr	Auszahlungen	Abzinsung	Barwerte
1	12.800,00 €	1.08^{-1}	11.851,85 €
2	16.500,00 €	1.08^{-2}	14.146,58 €
3	19.200,00 €	1.08^{-3}	15.241,58 €
4	21.400,00 €	1.08^{-4}	15.729,64 €
Summe Barwerte: 56.969,16€			

Liquidationserlös: $L_n(1+i)^{-n}$

Liquidationserlös: $30.000€ * 1.08^{-4} = 22.050,90€$

Liquidationserlös: 22.050,90€

K= -58.823,53€ + 99.039,91€ - 56.969,16€ + 22.050,90€

K= 5298,12€

Die Investition ist vorteilhaft, da ein positiver Kapitalwert in Höhe von 5298,12€ entsteht.

2.2 Interne Zinsfußmethode

$$r = p_1 - K_1 * \frac{p_2 - p_1}{K_2 - K_1}$$

$p_1 = 6\%$

$p_2 = 12\%$

Liquidationserlös: 30.000€

Anschaffungskosten: 58.823,53€

Tab. 5: Ermittlung der Barwerte

Einzahlungen – Auszahlungen	Abzinsung 6 %	Barwert	Abzinsung 12%	Barwert
15.600,00 €	1.06^{-1}	14.716,98 €	1.12^{-1}	13.928,57 €
12.700,00 €	1.06^{-2}	11.302,95 €	1.12^{-2}	10.124,36 €
13.400,00 €	1.06^{-3}	11.250,90 €	1.12^{-3}	9.537,86 €
8.300,00 €	1.06^{-4}	6.574,38 €	1.12^{-4}	5.274,80 €

Summe Barwert mit 6% = 43.845,21€

Summe Barwert mit 12% = 38.865,59€

Verzinsung Erlös mit 6% : 30.000€ * 1.06^{-4} = 23.762,81€

Verzinsung Erlös mit 12% : 30.000€ * 1.12^{-4} = 19.065,54€

K_1 = 43.845,21€ - 58.823,53€ + 23.762,81€

$K_1 = 8.784,49€$

K_2 = 38.865,59€ - 58.823,53€ + 19.065,54€

K_2 = -892,40€

$$r = 6 - 8.784,49€ * \frac{12-6}{-892,40€ - 8.784,49€}$$

r= 11,45%

Wenn man von einem Kalkulationszinssatz von 8% ausgeht, ist der errechnete Zinssatz mit 11,45% deutlich höher. Somit wäre Investition in diesem Fall vorteilhaft.

3   Finanzierung

3.1   Finanzierung einer Photovoltaikanlage

Eine Finanzierungsmöglichkeit der Photovoltaikanlage ist die internen Eigenfinanzierung. Hierbei stammt das zur Verfügung stehende Kapital für die Anlage aus dem Unternehmen selbst, welches selbst erwirtschaftet wurden ist. Es bestehen zwei die Möglichkeiten die Selbstfinanzierung zu realisieren. Zum einen durch Einbehaltung des Bilanzgewinns und Verbuchung unter Gewinnrücklagen und zum anderen durch die Bildung von stiller Reserven (Schlaffke & Plünnecke, 2016, S 84).

Eine weitere Finanzierungsmöglichkeit wäre die externe Fremdfinanzierung. Das hierzu Verfügende Kapital für das Unternehmen stammt nicht aus dem betrieblichen Umsatz, sondern wird von außerhalb herangezogen wie zum Beispiel von einem Kredit. Um den Kredit zu erhalten, muss das Unternehmen bestimmte Forderungen erfüllen. Der Kredit kann   kurzfristig in Form einen Bankkredites, mittelfristig in Form eines Teilzahlungskredites oder langfristig in Form eines Darlehen erfolgen. Somit kann das Unternehmen in die Photovoltaikanlage investieren (Schlaffke & Plünnecke, 2014, S 84).

Eine letzte Möglichkeit zur Finanzierung der Photovoltaikanlage wäre die externe Eigenfinanzierung. Hierbei stammt das zur Verfügung stehende Kapital nicht aus dem betrieblichen Umsatz, sondern ein neuer Sponsor stellt das Kapital zur Verfügung. Durch die Beteiligung am Unternehmen wird der Sponsor Anteilseigner des Unternehmens. Somit entsteht ein zusätzliches Eigenkapital , welches in die Investition der Photovoltaikanlage eingesetzt werden kann (Schlaffke & Plünnecke, 2014, S 84).

3.2   Stellungnahme Kreditfinanzierung

Die Aussage ist nicht korrekt, da es mehrere Optionen gibt zu investieren. Nachteil bei einer Kreditfinanzierung sind unter anderem die Zinsen die anfallen und die feste Laufzeit. Eine Alternative zu der Kreditfinanzierung wäre zum Beispiel das Leasing. Ein Vorteil vom Leasing sind die geringen monatlichen Raten , die geringer sind als bei einer Kreditfinanzierung. Für Unternehmen ist zudem das Leasing besser geeignet, da die Leasingraten steuerlich abgesetzt werden können, was sich positiv in der Unternehmensbilanz auswirken kann.

4 Produktion und Logistik

4.1 Arbeitsproduktivität

$$\text{Arbeitsproduktivität} = \frac{\text{Anzahl der Kundenbesuche pro Tag}}{\text{Anzahl der Personalstunden pro Tag}}$$

Montag
Anzahl der Kundenbesuche : 135
Anzahl der Personalstunden : 32h
Arbeitsproduktivität: 135 / 32
Arbeitsproduktivität: : 4,22

Dienstag
Anzahl der Kundenbesuche : 170
Anzahl der Personalstunden : 36h
Arbeitsproduktivität: 170 / 36
Arbeitsproduktivität: : 4,72

Mittwoch
Anzahl der Kundenbesuche : 140
Anzahl der Personalstunden : 32h
Arbeitsproduktivität: 140 / 32
Arbeitsproduktivität: 4,38

Donnerstag

Anzahl der Kundenbesuche : 120

Anzahl der Personalstunden : 29

Arbeitsproduktivität: 120 / 29

Arbeitsproduktivität: 4,14

Freitag

Anzahl der Kundenbesuche : 110

Anzahl der Personalstunden : 29

Arbeitsproduktivität: 110 / 29

Arbeitsproduktivität: : 3,80

Samstag

Anzahl der Kundenbesuche : 50

Anzahl der Personalstunden : 5

Arbeitsproduktivität: 50 / 5

Arbeitsproduktivität: : 10

Sonntag

Anzahl der Kundenbesuche : 29

Anzahl der Personalstunden : 5

Arbeitsproduktivität: 29 / 5

Arbeitsproduktivität: 5,8

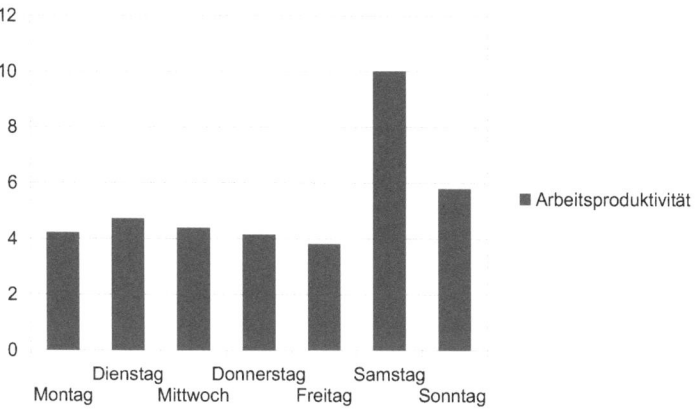

Abb. 1: Auswertung der Arbeitsproduktivität

Die Arbeitsproduktivität nimmt in der dargestellten Woche von Montag bis Dienstag zu. Montag beträgt die Arbeitsproduktivität noch 4,22 Dienstag dann 4,72 Check-In's pro Personalstunde. Ab Mittwoch sinkt die Arbeitsproduktivität immer weiter runter, sodass sie am Freitag den geringsten Wert von nur 3,8 Check-In's pro Woche erreicht. Da am Wochenende nur je fünf Personalstunden vorhanden sind, sind an diesen Tagen die Arbeitsproduktivität deutlich höher. Am Samstag erreichen die Check-In's pro Personalstunde die Spitze mit dem Wert 10. Sonntag sinkt die Arbeitsproduktivität wieder auf den Wert 5,8 ab.

4.2 Einbindung des externen Faktors

Zuerst müssen bei der Dienstleistungsproduktion die internen Produktionsfaktionen berücksichtigt werden. In einem Fitnessstudio sind die internen Faktoren zum Beispiel die Räumlichkeiten oder die Fitnessgeräte. Diese Sachen müssen verfügbar sein, sodass die Besonderheit des externen Faktors hinzu kommt. In diesem Fall ist der externe Faktor das Mitglied. Ohne die Mitglieder kann der Trainer zum Beispiel kein Personal Training absolvieren. Nur beim zusammentreffen von den internen und externen Faktoren, können diese miteinander kombiniert werden. Somit entsteht zwischen dem Leistungserbringer und dem externen Faktor eine wechselseitige Beziehung. Da nämlich bei jeder Leistungserbringung wie zum Beispiel das Personal Training der externe Faktor benötigt wird, wird die Planungsaufgabe der Dienstleistungsunternehmen zusätzlich erschwert. Wenn zum Beispiel das Mitglied nicht zu einem Personal Training Termin erscheint, wird der dafür zuständige Trainer nicht bezahlt und somit entstehen für ihn Leerkosten. Um das zu verhindern, müssen entsprechende Maßnahmen versuchen dagegen zu wirken, sodass man immer eine maximale Auslastung versucht zu erreichen.

4.3 Bestandteile Abwicklungszeit und Maßnahmen

- Die Vor- und Nachbereitungszeit
- Die Transferzeit
- Die Zeit der Nutzleistung
- Die Wartezeit

Bei der Vor- und Nachbereitungszeit betrachtet man alle Aktivitäten, welche vor und nach der eigentlichen Leistungserbringung, Zeit in Anspruch nehmen. Ein Beispiel für eine Leistungserbringung wäre das Personal Training. Hier gehört zu der Vorbereitungszeit, die Zeit, welche beim Umziehen und beim Check-In vergeht. Zu der Nachbereitungszeit gehört die Zeit, welche beim erneuten Umziehen und beim Check-Out vergeht. Die Transferzeit beschreibt den zeitlichen Aufwand des Mitgliedes für den Weg von zu Hause bis zum Fitnessstudio. Unter diese Zeit zählt auch die Parkplatzsuche für das Fitnessstudio als auch die Zeit für den Rückweg vom Fitnessstudio bis nach hause anfällt. Bei der Zeit der Nutzleistung wird die benötigte Zeit beschrieben, die zur Durchführung der eigentlichen Dienstleistung gebraucht wird. Die Zeit der Nutzleistung bei der Leistungserbringung Personal Training beträgt die Zeit ca. 60 Minuten. Da durch Verzögerungen wie zum Beispiel eine schlechte Vorbereitung kurze Ruhezeiten auftreten können, wird diese Zeit nicht zur Nutzleistung dazugezählt, da das Mitglied der externe Faktor zwar anwesend ist jedoch nicht der Mitarbeiter. Die Wartezeit stellt die Zeit da , die als Überbrückung von Pausen dient. Bei der Leistungserbringung Personal Training im Fitnessstudio ist es die Zeit, auf die das Mitglied noch auf den Trainer warten muss der noch nicht da ist oder noch ein paar Sachen vorbereiten muss. Eine Verkürzung der Abwicklungszeit kann zum Beispiel durch eine Verringerung der Vor-

und Nachbereitungszeit erzielt werden. Ein Drehkreuz könnte dazu führen, dass zumindest die Vorbereitungszeit verkürzt wird. Die Mitglieder müssten so beim Check-In lediglich ihre Mitgliedskarte an das Drehkreuz halten und könnten durchgehen und sich umziehen und ihren Spind selber wählen. Davor mussten die Mitglieder beim Check-In an der Theke von einem Trainer ihre Mitgliedskarte vorzeigen und diese wurde eingescannt und ein Spind wurden ihn zugewiesen. Eine weitere Möglichkeit um eine Verkürzung der Abwicklungszeit zu erreichen kann durch die Verkürzung der Transferzeit erreicht werden. Die Mitglieder könnten einen besonderen Service des Fitnessstudio annehmen, der den Mitgliedern einen Haus-Service anbietet. Dabei kommt der Trainer zu den Mitgliedern nach Hause und dort das gebuchte Personal Training zu absolvieren. Dabei sparen die Mitglieder sich die Anfahrt ins Fitnessstudio. Eine letzte Maßnahme zur Verringerung der Abwicklungszeit ist die Verkürzung der Wartezeit.

Wichtig ist hierbei, dass die Trainer immer 15 Minuten vor dem Termin erscheinen und vorbereitet sind, sodass für das Mitglied keine Wartezeit entsteht. Alle nötigen Unterlagen sollten vorher bereit gelegt werden und Stifte und Papier sollte vorhanden sein, damit das Mitglied Informationen mitschreiben kann. Sollte es zu einem Zeitpunkt doch mal zu einer Wartezeit kommen, dann sollte für die Mitglieder ein kleiner Bereich eingerichtet werden, wo sich Zeitungen und Getränke befinden um die kurze Wartezeit angenehm zu gestalten.

5   Literaturverzeichnis

AWO Kreisverband Köln e.V. (2014). Zugriff am 15.05.2017. Verfügbar unter http://www.awo-koeln.de/bildungswerk/archiv/fort-und-weiterbildungen-2014/2014/brandschutzhelfer-schulung.html

Centralvital GmbH. (2017).   Zugriff am 15.05.2017. Verfügbar unter http://www.centravital.de

DRK Kreisverband Essen e.V. (2009). Zugriff am 15.05.2017. Verfügbar unter https://www.drk-essen.de/index.php?id=ersthelferausbildung

Notfall Coaching Bonn. (2017). Zugriff am 15.05.2017. Verfügbar unter https://notfall-coaching.com/brandschutzhelfer-ausbildung/

Plünnecke, A. & Schlaffke, W. (2016). *Studienbrief Betriebswirtschaftslehre IV* *(*rev.16.022.000). Saarbrücken: Deutsche Hochschule für Prävention und Gesundheitsmanagement.

6 Abbildungs- und Tabellenverzeichnis

6.1 Tabellenverzeichnis

6.2 Abbildungsverzeichnis